DE QUELQUES LIVRES IMPRIMÉS AU XVe SIÈCLE [1],

SUR DES PAPIERS DE DIFFÉRENTS FORMATS.

> « Il est souvent impossible d'atténuer par des digressions ce que la science bibliographique a de rude et de fatigant. »

I

Les bibliographes n'ont jamais signalé la curieuse anomalie que présentent quelques incunables imprimés sur papiers de différents formats.

Le hasard et des recherches, entreprises dans le but de connaître la date, le lieu d'impression, etc., de certains livres dépourvus d'indices, ont fait passer sous mes yeux trois ouvrages dans lesquels j'ai constaté cette bizarre disposition.

---

(1) Gabriel Peignot, dans ses *Variétés, notices et raretés bibliographiques*, p. 72, nous a donné, d'après Jungendres *(a)*, et Struve *(b)*, les signes auxquels on reconnaît ordinairement les éditions du XVe siècle lorsqu'elles sont sans date ; j'ai cru devoir, pour le besoin de ma cause, les rappeler ici :

1º L'absence des titres imprimés sur un feuillet séparé ; 2º celle des lettres capitales au commencement des divisions ; 3º la rareté de ces mêmes divisions ; 4º le non emploi des virgules et des points virgules ; 5º l'inégalité et la grossièreté des types ; 6º le manque de chiffres au haut des feuillets ou des pages et celui des signatures et des réclames au bas ; 7º la solidité et l'épaisseur du papier ; 8º l'absence des noms de l'imprimeur, du lieu et de l'année, et 9º la grande quantité d'abréviations.

(a) Disquisitio in notas characteristicas librorum a typographiæ incunabulo ad annum M. D. impressorum, etc. 1740, in-4°.

(b) Bibliotheca historiæ litterariæ selecta, Ienæ 1745-63, in-8°.

L'un de ces ouvrages se trouve dans la bibliothèque de la *Société archéologique du Midi de la France*; le second appartient à la Bibliothèque de Toulouse, et le troisième a été signalé par Brunet, qui ne s'est pas rendu compte de la singularité qu'il présente.

Le premier, dont je vais d'abord m'occuper, et que je considère aussi comme un des rares spécimens des premières presses parisiennes, a pour titre : *Incipit exempla sacre scripture ex utroque testamento secundum ordinem litterarum collecta.*

On ne trouve à la fin que cette simple remarque : *Felix finis exemplorum sacre scripture ad nostram eruditionem conscriptorum. Laus Deo.*

Ce livre a l'apparence d'un petit in-4°. On comprendra tout à l'heure pourquoi je n'affirme pas la dimension de son format. Il est, à peu près, dans toutes ses marges, et la tranche supérieure seule a été rognée. Il a 21 centimètres de haut et 15 de large.

D'après le résultat de mes appréciations, et m'en rapportant un peu aux chiffres et aux signatures manuscrites anciennement placés au haut et au bas des pages, le volume complet était composé de 142 ff., réunis en 17 cahiers, 3 de 10 ff. et 14 de 8.

Il n'en existe plus aujourd'hui que 127, et il en manque très-certainement 15.

Voici, si je ne me suis pas trompé, le chiffre des signatures absentes : a-i, a-x; b-i; c-x; d-i; e-iii, e-v; g-v; o-ii; q-i, q-vii, q-viii; r-ii; plus un f. blanc à la fin.

On y rencontre une transposition, le f. 96 a pris la place du 95e. Cette transposition devait être nécessairement double, mais il m'a été impossible de reconnaître le f. parallèle, qui manque peut-être.

Les chiffres et les signatures manuscrits n'ayant pas été tracés à la même époque, il existe, surtout dans les chiffres, quelques erreurs, provenant de ce qu'on n'a pas toujours tenu compte des ff. manquants. C'est ainsi, par exemple, que le f. b-i n'existant pas, on a maladroitement chiffré xiii le f. b-ii qui devait porter le chiffre xii.

L'existence de la signature manuscrite a-v, dans les trois

premiers cahiers, prouve péremptoirement que ces cahiers avaient chacun dix ff., puisqu'on ne la rencontre pas, comme cela se voit quelquefois, dans les cahiers de 8 ff.

Ce livre est sans lieu ni date, sans nom d'imprimeur, sans chiffres, réclames ni signatures. La justification a 145 millim. de haut et 81 de large.

Les pages pleines contiennent 26 longues lignes, composées de 32 à 35 caractères environ. Il n'existe pas d'interligne (1).

Le papier est de couleur grisâtre, très-épais, quelques feuillets même ont l'apparence du carton. Le livre a souffert, il a été mouillé, et la marge extérieure des dernières pages est presque entièrement détruite par la moisissure. L'encre est fort belle et très-noire.

Le livre a été imprimé avec un caractère rond, légèrement empâté, espèce de *romain* de la force d'un *gros-texte*, ayant quinze points typographiques. Il offre cela de particulier qu'il est, en quelque sorte, rehaussé par des capitales gothiques de forme bizarre, dont notre gothique moderne se rapproche un peu.

En examinant ce livre avec soin, il est facile de reconnaître des imperfections frappantes dans les proportions et dans l'alignement des lettres, « ce qui semble prouver, selon M. Aug. Bernard, que le caractère a été gravé et frappé rapidement. »

Les abréviations y sont nombreuses, mais les apocopes et les syncopes sont faciles à rétablir.

Il n'existe dans tout le volume qu'un seul signe de ponctuation, c'est le point (2).

---

(1) Les interlignes sont des lames de fonte dont le principal emploi est de séparer les lignes entre elles.

C'est Schoiffer qui les a employées le premier dans son *Cicéron* de 1465.

(2) « Dans les temps les plus reculés, le système de ponctuation était des plus singuliers, on allait à la ligne, non-seulement pour chaque période, mais encore pour chaque phrase et pour chaque membre de phrase; c'est ce qu'on appelait *diviser par membres, sections et périodes, distinguere per commata, cola et periodos.* L'Ancien et le Nouveau-Testament sont encore divisés à peu près de cette manière; les divisions que nous appelons versets se nommaient *versus* en latin, en grec στιχοί.

» Aristophane de Byzance, qui vivait à la cour de Ptolémée Epiphane 200 ans avant

La remarque suivante a quelque importance. Elle a rapport à l'absence complète des traits d'union pour les mots coupés à la fin des lignes. Cet oubli est d'autant plus extraordinaire que depuis les débuts de l'imprimerie on les rencontre, dans les livres, sous forme de petits traits parallèles (1), placés diagonalement et quelquefois même en dehors de la justification, comme on l'a signalé dans la Bible de Gutenberg, autrement appelée la Bible de 42 lignes.

Ne pouvant pas m'expliquer l'oubli ou la négligence du prote, il n'y a qu'un moyen de l'excuser, c'est de supposer qu'il avait sous les yeux un manuscrit complétement dépourvu de traits d'union.

Je reviendrai, tout à l'heure, sur cette question des traits d'union.

En tête du livre, au-dessous du titre, se trouve un D majuscule de 28 millim. de superficie, peint en or sur un fond bleu, et dans la boucle duquel on voit le portrait de Jésus en miniature. Le manteau qui le couvre est rouge et la tunique est bleue.

Tous les alinéas, sans exception, sont alternativement rubriqués de rouge et de bleu, et les têtes de chapitre sont ornées de majuscules un peu grêles, peintes également en rouge et en bleu.

II

Je vais maintenant compléter la description du volume en faisant connaître l'anomalie que présente le papier sur lequel il a été imprimé.

J.-C., fut le premier inventeur d'un système de ponctuation ressemblant un peu au nôtre. Ce système n'admettait qu'un signe unique, le point, dont la valeur variait suivant qu'il était placé en haut, au milieu, ou au bas de la lettre... Ce système de ponctuation fut en usage à Rome. Cicéron en attribue l'invention à la difficulté de respirer et de reprendre haleine dans une lecture continue. » (V. H. Geraud, *Des livres dans l'antiquité*, chap. III.)

(1) Le trait est souvent simple.

Elle consiste dans un mélange bizarre de feuillets in-8° et in-4°, ayant la même superficie, et qui se succèdent régulièrement les uns aux autres, mais en nombres fort variables.

Pour en donner une idée claire et précise, je vais faire le dénombrement successif des 127 feuillets, de l'un et de l'autre format, qui constituent actuellement ce livre singulier.

Mais avant de présenter ce tableau, et pour me faire bien comprendre, je crois devoir rappeler succinctement, comment on peut connaître et affirmer aujourd'hui le format des livres anciennement imprimés.

Tout le monde sait que la feuille in-fol. est composée de deux feuillets, qu'en la pliant en deux on obtient le format in-4° et qu'en la pliant en quatre on obtient le format in-8°; l'on sait aussi que dans les anciens papiers la feuille in-fol. est empreinte, à des distances à peu près égales, d'un certain nombre de lignes perpendiculaires et fort transparentes, qu'on nomme des *pontuseaux*; on sait, enfin, que l'un des côtés de la feuille porte, le plus ordinairement à sa partie moyenne, et très-souvent à droite, une marque particulière, dont la figure varie beaucoup, et que l'on désigne par le nom de *filigrane* (1).

Cette disposition connue, on comprend, tout de suite, que la direction des *pontuseaux*, et que la place des *filigranes*, varient suivant le pliage imposé à la feuille in-fol.

---

(1) Quelques incunables sont imprimés sur des papiers qui ne présentent ni *pontuseaux*, ni *filigranes* (a).

Ces papiers qui se rapprochent un peu du papier vélin, sont marqués, en sens contraire des *pontuseaux*, de fines raies transparentes, qu'on nomme *vergeures*, et qui sont produites par les fils de laiton placés transversalement (b) dans les formes du papetier.

Les *vergeures* peuvent donc, quoique très-imparfaitement, sans doute, suppléer les pontuseaux, dans la détermination des formats.

C'est ainsi, par exemple, qu'on a pu reconnaître par leur présence, le véritable format du *Pomponius Mela*, imprimé à Milan, en 1471, par Zarot, et qu'on avait longtemps considéré comme étant de format pet. in-4°. C'est pourtant un in-8°, car les vergeures sont horizontales.

(a) Parmi les 200 incunables que renferme la bibliothèque de Toulouse, j'en ai compté quinze sans filigranes. Un treizième environ.

(b) Les fils de laiton d'un plus fort diamètre, qui sont perpendiculaires aux vergeures, et qui les soutiennent, forment les *pontuseaux*, ou petits ponts.

De perpendiculaires qu'ils étaient dans la feuille in-fol., les *pontuseaux* deviennent horizontaux quand elle est pliée en deux, comme dans l'in-4°, et ils redeviennent perpendiculaires lorsqu'elle est pliée en quatre, comme dans l'in-8°.

Quant au *filigrane*, placé, comme je l'ai dit, au milieu de la feuille in-fol., on le trouve dans la marge du dos, lorsqu'elle est pliée en deux, comme dans l'in-4°, et dans la tranche supérieure du livre, quand elle est pliée en quatre, comme dans l'in-8°.

Des indications que je viens de fournir, il résulte que dans ce volume, le format du papier est tantôt in-8° et tantôt in-4°, que l'in-8° a pour filigrane l'*écu couronné aux armes royales*, très-facile à reconnaître encore dans la tranche supérieure, quoiqu'elle ait été rognée; et que l'in-4° est marqué de la *roue dentée*, qu'il est facile d'apercevoir dans la marge du dos.

Voici maintenant le dénombrement des 127 feuillets que renferme le volume des *Exempla sacre scriptura* :

8	feuillets	in-8°.
26	—	in-4°.
2	—	in-8°.
2	—	in-4°.
15	—	in-8°.
17	—	in-4°.
2	—	in-8°.
2	—	in-4°.
2	—	in-8°.
10	—	in-4°.
1	—	in-8°.
1	—	in-4°.
2	—	in-8°.
1	—	in-4°.
1	—	in-8°.
1	—	in-4°.

93 *A reporter.*

93	*Report.*	
8	—	in-8°.
8	—	in-4°.
2	—	in-8°.
2	—	in-4°.
2	—	in-8°.
1	—	in-4°.
5	—	in-8°.
6	—	in-4°.

127
15 absents.

142 dont : 77 in-4°.
     50 in-8°.
     15 absents.

142

Je l'avoûrai, ce dénombrement *capricieux*, cette suite de feuillets in-8° et in-4° se succédant invariablement les uns aux autres, mais en nombres fort divers, ces feuillets uniques, dont je ne m'expliquais pas d'abord l'isolement, tout cela me surprit étrangement.

La confusion me parut même si grande que je me demandai si les feuillets et les cahiers n'avaient pas été rassemblés, pêle-mêle, au hasard, avant d'être reliés? Il n'en était rien pourtant; car, en faisant moi-même la table des chapitres, je me suis assuré que l'ordre alphabétique, formellement indiqué dans le titre, n'avait pas été interverti.

Malgré cette confusion, je suis parvenu, non sans peine, à comprendre que beaucoup de cahiers avaient été formés de 8 feuillets, dont 4 de format in-8° et 4 de format in-4°.

A l'aide de cette combinaison, j'ai pu en restituant les quinze feuillets perdus, reconstituer les dix-sept cahiers qui composaient primitivement ce volume.

Le problème, sans doute, eût été très-facile à résoudre s'il eût été possible d'éventrer le livre et d'en séparer les feuillets. La permission m'en avait été, même, gracieusement accordée par M. Morel, l'ancien propriétaire de ce précieux bouquin (1); mais un obstacle insurmontable m'empêcha de profiter de son offre obligeante.

Un relieur, sur la tête duquel j'accumulerais, volontiers, une kyrielle d'épithètes malsonnantes, n'avait trouvé rien de mieux à faire, pour consolider les cahiers, sans les coudre, que d'empâter leur dos d'une épaisse couche de colle-forte, si bien que je défîrais maintenant les maîtres, passés, présents et futurs, en l'art de réparer les livres, de venir à bout d'isoler ces malheureux feuillets.

(1) Depuis cette époque, M. Morel en a fait cadeau à la *Société d'Archéologie*.

III

J'ai donc tâché de surmonter la difficulté d'une autre manière, et à force de temps et de patience, je crois y être définitivement parvenu.

J'ai commencé, d'abord, par m'assurer que les feuillets absents étaient les feuillets correspondants, ou pour mieux dire, les feuillets complémentaires de ceux de l'un et l'autre format, dont j'ai constaté l'isolement dans le tableau que je viens de produire.

Recherchant ensuite les dimensions du papier marqué de l'*écu couronné*, j'ai reconnu que le format in-8° appartenait à une feuille in-fol. de 438 millim. de hauteur et de 288 millim. de largeur, laquelle, pliée en deux, forme un in-4° qui a précisément la hauteur de ce dernier chiffre et qui, pliée en quatre, donne un in-8° de 144 millim., hauteur égale à celle du volume.

Après avoir fait la même opération pour les ff. in-4°, marqués de *la roue dentée,* je me suis convaincu que, soit hasard, soit prévision, il a fallu, pour produire le résultat obtenu, que la hauteur de ce papier, c'est-à-dire sa feuille in-fol. fût absolument égale à la largeur du papier marqué de l'*écu couronné*.

L'imprimeur a employé deux sortes de papiers, l'une grande et l'autre petite, dont le pliage et les dimensions combinées lui ont donné, quoique sous deux formats différents, un livre ayant 144 millim. de hauteur.

J'étais très-embarrassé pour déterminer exactement le format de ce livre, lorsqu'en examinant avec soin le premier cahier, je reconnus qu'il était composé de 10 ff. in-8°, ce qui prouve, sans conteste, que s'il l'avait commencé ainsi, l'imprimeur avait l'intention de le finir de même.

Pour expliquer maintenant la présence d'un si grand nombre

de doubles feuillets, de l'un et de l'autre format, — j'en ai compté quinze, ce qui fait 60 pages, presque la moitié du volume, — il faut nécessairement admettre qu'on a imprimé un certain nombre de ff. in-8° par quart de feuille, et les in-4° par demi-feuille. Travail long et pénible qui obligeait l'ouvrier à retourner son papier pour l'imprimer des deux côtés.

La description de cet incunable et les détails dans lesquels je suis entré, prouvent qu'en commençant d'imprimer son livre, le typographe n'avait pas sous la main, ou plutôt en magasin, pour employer l'expression exacte, toute la quantité de papier nécessaire au tirage de l'édition qu'il avait en vue. Ils prouvent ensuite qu'après avoir commencé son tirage avec le papier de 438 millim., il s'aperçut un jour qu'il n'en aurait pas assez pour imprimer le nombre d'exemplaires qu'il s'était promis de tirer. C'est alors, sans doute, qu'il chercha et qu'il trouva le papier de 288 millim. qu'il mit en œuvre, comme je l'ai déjà expliqué, ce qui lui permit d'arriver, tant bien que mal, au bout de son entreprise.

Comme il est impossible d'admettre qu'un imprimeur ait eu, je ne dirai pas le courage ou la patience, mais la folie d'entreprendre l'édition entière d'un ouvrage avec des papiers de différents formats, je ne crois pas, contrairement à l'opinion de quelques typographes consultés à ce sujet, que toute l'édition du livre, qui fait le sujet de mon travail, ait été imprimée de cette façon. Je suis persuadé même qu'il n'a existé que très-peu d'exemplaires semblables à celui que je viens de décrire, et que l'imprimeur, en terminant sa tâche, a voulu tout simplement mettre à profit le *stock* de papier qui lui restait.

Ce qui me fait croire que les choses se sont passées ainsi, c'est le temps considérable qu'on aurait perdu en imprimant par demi-feuille et par quart de feuille toute une édition, mais surtout en imprimant un format in-8° avec du papier de format in-4°, qui ne donne que huit pages, tandis que l'in-fol., dans le même espace de temps, en donne seize. En d'autres termes, j'ai calculé que l'imprimeur des *Exempla*, au lieu d'imprimer d'un seul coup 10,400 caractères, n'en aurait imprimé que 5,200, c'est-à-dire la moitié.

IV

Où ce livre a-t-il été imprimé? A qu'elle époque et par qui l'a-t-il été ? Trois questions auxquelles je vais essayer de répondre.

Décrire un vieux livre, signé ou daté, qu'on a sous les yeux, n'est pas chose fort difficile ; avec du temps, de la patience et un peu d'habitude, on arrive toujours. Mais il n'en est pas de même lorsqu'il s'agit de retrouver sa date, le lieu de son impression, etc., etc., quand surtout ce livre est entièrement dépourvu d'indices typographiques. Pour le bibliographe à la recherche de son inconnue, la difficulté augmente encore, et devient souvent insurmontable, si les sources d'érudition, et si les éléments de comparaison lui font complétement défaut.

Nous n'en sommes pas tout à fait là à Toulouse, et c'est ce qui m'a permis de tenter l'aventure.

Avant d'établir mes preuves, relativement au lieu où ce livre a été imprimé, je poserai tout de suite mes conclusions. Le mot de l'énigme connu, l'auditeur est plus à son aise et, moins préoccupé, il saisit peut-être mieux l'enchaînement des idées et la valeur des preuves, qui tendent à le persuader.

Je crois donc que le livre des *Exempla sacræ scripture* que je viens de décrire minutieusement, a été imprimé à Paris avant l'année 1470, époque à laquelle on fait remonter l'établissement de l'imprimerie dans la capitale de la France.

Le livre des *Exempla* a-t-il été imprimé à Paris? Toute la question est là, et les conséquences accessoires que j'en pourrai tirer lui serviront de corollaires.

Dans un travail intitulé la *Chasse aux incunables*, que renferme la collection de *Mémoires de la Soc. archéol. de Toulouse* (1),

---

(1) *La chasse aux incunables* (V. *Mém. de la Soc. archéol. du Midi de la France*, t. VIII, p. 317).

j'ai tâché de démontrer l'importance et l'utilité des filigranes pour parvenir à connaitre le lieu d'impression d'un livre dépourvu d'indices, *absque nota*, comme on disait autrefois.

Faisant donc l'application de ce que je considère comme un principe, en semblable matière, j'ai fouillé dans l'importante collection d'incunables que possède la Bibliothèque de Toulouse, et c'est avec une vive satisfaction, je ne le cache pas, que j'ai retrouvé l'*écu couronné aux armes royales* (1) et *la roue dentée* dans quelques ouvrages imprimés à Paris au xve siècle, et dont je vais donner les titres.

J'ai trouvé l'*écu couronné aux armes royales* :

1° Dans le Vocabularius sive expositio terminorum utriusque juris. *Impressus Parisiis ad intersignum follis viridis in vico Sancti Iacobi anno domini* 1476, in-fol. ;

2° Dans le Gregorius Ariminius. (Liber) sententiarum, *Parisiis impressa anno domini* 1482. 9. *Augusti*, in-fol. ;

3° Dans le livre de Guillaume Ockam, Adversus hereticos. *Impressus Parisiis. Anno domini* 1486. *Die* 5 *Julii*, in-fol. goth. ;

4° Dans le Francisci arretini in Phalaridis Tyranni epistolas... *impresse Parisiis in vico sancti jacobi ad intersignum floris lilii per Guidonem mercatoris. Anno* 1493, in-4° ;

5° Dans la fleur de prédication selon Saint-Ephrem... *A Paris, pour Anthoine Vérard...* s. d. pet. in-fol.

Voici la liste des ouvrages marqués de *la roue dentée* :

1° Ortulus rosarum de valle lacrymarum (2) liber deuotus... *nouiter impressus per Joannem Petit commorante in vico sancti iacobi ad intersignum Leonis argentei*, in-8° (3) de 24 ff. s. d. (vers 1500).

---

(1) On rencontre dans beaucoup de papiers du xve siècle, des fleurs de lis, soit couronnées, soit en écussons, etc. Mais il ne faut pas les confondre avec l'*écu couronné aux armes royales*, dont il est ici question.

(2) Cette édition n'est pas mentionnée dans le *Manuel*.

(3) Il est toujours fort difficile de reconnaître le dessin des filigranes dans les in-8° de petite dimension, car étant situé dans la tranche supérieure du livre, il est presque toujours emporté par le couteau du relieur.

2° Compendium Roberti Gaguini in francorum gesta. *Parisiis, Thielmanus Kerver*, 1500, in-fol.

Le filigrane de *la roue dentée*, absolument semblable à celui du papier des *Exempla*, se trouve dans l'avant-dernier f. du *Compendium*, signé F-iij ;

3° P. Ouidii Nasonis Fastorum... *Parisiis impressi par Gilles de Gourmont*; s. d. (vers 1500) pet. in-fol.

Je dois faire une remarque au sujet de ces filigranes, c'est qu'on les rencontre, quelquefois, dans des ouvrages imprimés ailleurs qu'à Paris. La Serna Santander a trouvé l'*écu couronné* dans un livre imprimé à Cologne, et pourtant ce filigrane n'appartient pas aux papiers allemands. Je l'ai trouvé, moi-même, dans un livre imprimé à Lyon, quoiqu'il n'appartienne pas aux papiers du midi de la France. Ces rencontres fortuites n'ont rien d'extraordinaire; car à cette époque le papier n'abondait pas toujours, le livre que j'étudie maintenant en est un exemple remarquable, et les imprimeurs prévoyants s'adressaient un peu partout pour s'en procurer.

Je ferai la même observation pour la *roue dentée;* toutefois, comme ce filigrane est particulier aux papiers du midi de la France, j'ajouterai qu'on le rencontre fréquemment dans les livres imprimés à Lyon, et surtout dans ceux imprimés à Toulouse. Mais si la *roue dentée* se trouve assez souvent, comme on vient de le voir, dans les livres imprimés à Paris, je déclare que je n'ai jamais vu l'*écu couronné* dans les livres imprimés à Toulouse. Je croirais donc, volontiers, que les papiers ainsi marqués n'ont jamais été employés en-deçà du Rhône (1). L'étude des filigranes démontre, du reste, qu'ils appartiennent, généralement parlant, à des zônes bien tranchées.

(1) Ne pas oublier que l'auteur écrit à Toulouse.

V

Si la présence de ces deux filigranes (1) dans les papiers des *Exempla,* ne prouve pas clairement que ce livre a été imprimé à Paris, je vais tâcher, tout en recherchant l'époque à laquelle il a été mis sous presse, d'affirmer davantage la certitude de cette provenance.

L'absence de chiffres, de réclames et de signatures, atteste déjà que le livre est d'une date très-ancienne, puisque le *Tacite,* imprimé à Venise par Jean de Spire, vers 1468 ou 1469, est considéré comme le premier ouvrage dans lequel on a constaté la présence des réclames et des chiffres au bas et au haut des pages.

Quant aux signatures, quoiqu'on en ait rencontré dans des pages xylographiques, on ne les trouve guère dans les livres imprimés avant 1472 (2). Aucun des livres imprimés à la Sor-

(1) Je ferai remarquer que mon affirmation eût été la même si le papier des *Exempla* n'eût renfermé que l'*écu couronné ;* tandis que, s'il n'avait été marqué que de la *roue dentée*, je serais resté dans le doute,

(2) Les bibliographes ne sont pas d'accord sur l'époque à laquelle remonte l'emploi des signatures dans les livres imprimés.

L'opinion généralement admise aujourd'hui est celle de l'abbé Rive.

Plusieurs bibliographes l'ayant signalée sans indiquer la source où ils ont puisé, et ne voulant pas encourir le même reproche, je vais reproduire, sans y rien changer, la note qui se trouve à la page 140 de la *Chasse aux bibliographes et antiquaires mal-advisés :*

« Personne ne sçait encore (1789) en quel temps les signatures ont été inventées. Ce
» Marolles, contre l'avis que mon maître lui donna alors, le met en 1474, et il en
» attribue l'invention à Jean de Cologne, imprimeur à Venise. Mais il se trompe, soit
» sur la date, soit sur leur inventeur.

» Mon maître possède un livre *rarissime* et inconnu jusques à aujourd'hui. Il est
» in-fol., et sur deux colonnes en lettres de *somme*. Sa date est antérieure à l'an 1474,
» et il a été imprimé à Cologne, par Jean Kolhof (*sic*). Il en donnera la description dans
» ses *Notices des éditions du* xve *siècle* (a). On lui en a offert plusieurs fois 100 louis, et
» il n'a jamais voulu le laisser sortir de son cabinet. Il n'est ni chez le roi de France,
» ni chez l'empereur, ni dans aucune des plus célèbres bibliothèques de l'Europe.

» Ce Marolles n'est donc qu'un entêté... »

(a) Johannis Nider, præceptorium divine legis. *Cologne, Jean Kœlhof de Lubeck*, 1472. In-fol.

bonne, vers 1470-1471, et plus tard même par Ulric Géring, Michel Friburger et Martin Crantz, ne porte de signatures.

Parmi les ouvrages imprimés à cette époque, par les Allemands, il en est un dont on connaît la date précise, et qui se rapproche, sous plusieurs rapports, du volume dont je m'occupe. Et si l'imperfection de l'œuvre doit être considérée, dans certains cas, comme un caractère d'antériorité, je trouverai, je crois, dans la comparaison que je vais établir, entre ce livre et celui des *Exempla*, un argument puissant en faveur de mon opinion.

Ce livre imprimé à la Sorbonne, le 7 mars 1472 (nouveau style), contient un certain nombre de traités philosophiques de Cicéron, tels que : *Officiorum libri tres; de Amicitia liber; de Senectute libri tres; Somnium Scipionis* et *Paradoxa* (1).

Ces différents traités de Cicéron, forment un petit in-fol., dont la justification élégante a très-peu de surface (19 centimètres de haut, sur 11 de large). Il est admirablement imprimé, en caractères ronds, de seize points et demi, sur un papier très-blanc et très-fort. Je ferai remarquer, cependant, qu'en cherchant bien, on y trouve, mais beaucoup moins fréquemment que dans les *Exempla*, des imperfections dans les proportions et dans l'alignement des lettres.

Comme dans les *Exempla*, il n'existe, dans le *Cicéron*, ni chiffres, ni réclames, ni signatures.

Les capitales appartiennent à l'alphabet *romain*, tandis que celles des *Exempla* appartiennent à l'alphabet *gothique* (2).

---

(1) Le magnifique exemplaire, que possède la bibliothèque de Toulouse, et qui porte les armes du comte d'Hoym, renferme aussi les *Questiones tusculanæ*, qui ont été peut-être imprimées avant le livre des Offices, etc., etc.

(2) Brunet cite une édition s. d., du *Legenda aurea* de Jacques de Voragine, imprimée à Toulouse (vers 1489), par Jean Parix, et qu'il signale comme étant imprimée en *caractères ronds avec des capitales gothiques*.

« Il s'est trouvé, dit Chevillier (pag. 107), des imprimeurs à qui le mélange des deux caractères (*romain* et *gothique*) a plu, et qui ont employé la belle lettre et le gothique dans un même livre. Ainsi fit à Alcala de Henares Guillaume de Brocario, qui imprima la Bible de Ximenez, l'année 1517... »

« L'édition des ouvrages de saint Ambroise, que fit à Basle, en trois tomes, Jean d'Amerbach, en 1492, est de cette manière. »

— 15 —

On y remarque deux sortes d'*r* et deux sortes d'*u* ; les *Exempla* n'en ont que d'une seule espèce.

La diphtongue *æ* s'y trouve gravée de deux manières différentes: au commencement des mots elle est représentée par un *e*, ayant pour appendice une sorte de crochet, et au milieu ou à la fin des mots, elle a la forme qu'on lui donne encore aujourd'hui (1). Dans les *Exempla*, la double lettre n'existe pas, et elle y est représentée par un *e* simple.

L'espace interlinéaire est le même dans les deux ouvrages, et ni l'un ni l'autre n'ont d'interlignes.

Dans le *Cicéron* les parenthèses abondent (2), on n'en trouve pas une seule dans les *Exempla*.

Dans les *Exempla* le point est le seul signe de ponctuation qu'on y remarque (3). Dans le *Cicéron*, comme dans les principales impressions des habiles typographes dont, tout en l'admirant, je scrute le travail, on rencontre toujours un luxe de ponctuation remarquable. Ce luxe prouve même que l'emploi de tous ces signes était encore mal défini.

On y trouve le point ; le point et virgule (que Lambinet désigne sous le nom de demi-membrène ou *semi-kolon* (4), est placé à la fin de tous les alinéas; la virgule est représentée, comme elle l'a été pendant longtemps, par un trait diagonalement tracé; on y voit enfin une sorte de point d'exclamation dont il est difficile d'apprécier le caractère grammatical.

---

(1) Ceci contredit formellement l'opinion de Lambinet (*Loc. cit.*, t. 1, p. 298) « qui affirme que dans les manuscrits et dans les imprimés du xve siècle, on ne trouve » aucune diphtongue *æ*, *œ*, ; l'*e* simple, ou *a e*, *o e*, en tiennent lieu. »

(2) « Les anciens se servaient du même signe que nous pour exprimer la *paren-* » *thèse*. Jean de Westphalie, Veldener, Gérard Leeu, Martens d'Alost en ont fait usage dans leurs éditions. » (*Id.*, pag. 302-303.)

(3) Henrici de Hassiæ (de Hesse). Expositio super orationem dominicam, super Ave Maria, et speculum Animæ : in-4º. « J'ai cette édition, dit P. Marchand, p. 42, » que les marques de papier prouvent être de l'impression de Fust et de Schoiffer ; » et *que la ponctuation, par le point unique, quoique l'ouvrage soit tout rempli de* » *questions et d'interrogations, prouve être des plus anciennes.* »

(4) « Colon, en grammaire. Quelques grammairiens emploient ce mot pour ce que » nous appelons, en fait de ponctuation, les deux points : le mot purement grec χωλον » signifie membre de période : car les deux points divisent les membres des périodes. » (*Dictionnaire de Trévoux*.)

Le trait d'union, pour les mots coupés à la fin des lignes, s'y trouve en grand nombre, et plus ou moins obliquement tracé; il est tantôt simple, tantôt géminé (1).

Mais, chose singulière, on rencontre dans la même page, et cela se voit aussi dans différents ouvrages des mêmes imprimeurs, des mots coupés, suivis du trait d'union, et des mots coupés qui en sont dépourvus. Ainsi, dans une page prise au hasard, j'ai relevé les mots suivants : *op tanda*, *ha bere*, sans traits d'union, *ado / lescentes*, *se / nectute*, avec trait d'union.

J'ai déjà fait observer que le trait d'union manque absolument dans les *Exempla*.

L'absence de traits d'union à la fin des lignes n'a pas encore été signalée par les bibliographes, soit comme une faute typographique, soit comme un des signes propres à caractériser les incunables douteux. Je crois cependant qu'il importe d'en tenir compte, et que leur absence totale, comme dans le livre des *Exempla*, ou leur emploi plus ou moins généralisé, comme dans le *Cicéron*, atteste l'importance de ce signe.

Quoique les abréviations soient à peu près les mêmes dans les deux ouvrages, il est facile de voir qu'il en existe, dans le *Cicéron*, un grand nombre de formes plus récentes que celles qui se trouvent dans les *Exempla*.

J'ai relevé dans le petit tableau suivant, les différences absolues qui existent entre ces deux incunables.

Le Livre des EXEMPLA :	*Les Traités de* CICÉRON :
In-8°.	In-fol.
Caractères romains de 15 points.	Caractères romains de 16 points $^1/_2$.
Capitales *gothiques*.	Capitales *romaines*.
Pas de diphtongue *æ*.	La diphtongue *æ* imprimée de deux manières différentes.
Une seule *r*, un seul *u*.	Deux sortes d'*r*, deux sortes d'*u*.
Pas de parenthèses.	Parenthèses nombreuses.
Pour signe de ponctuation, le point.	Signes de ponctuation très-nombr.
Pas de traits d'union à la fin des lignes.	Traits d'union nombreux à la fin des lignes.
Abréviations anciennes.	Abréviations récentes.
Justification, 144 millim. de haut, et 81 de large.	Justification, 180 millim. de haut, et 110 de large.

(1) « Les *traits d'union* ont été rendus par un simple trait horizontal, ou par un dou-
» ble=, quelquefois par une espèce de *c* couché ⌒ (Lambinet, t. II, p. 302).

— 17 —

Je n'insisterai pas davantage sur cette comparaison qui, à mon avis, prouve clairement que le livre des *Exempla* a été imprimé non-seulement avant le *Cicéron* de 1472; mais aussi avant les ouvrages de Gasparini qui avaient été imprimés deux ans plus tôt.

Si je n'ai pas choisi l'*Orthographie liber* de cet auteur, que j'avais à ma disposition, pour point de comparaison, c'est que la forme de ses caractères, quoique ronde, est fort différente de celle des caractères des *Exempla*, dont ceux du *Cicéron* se rapprochent beaucoup.

VI

Si, procédant maintenant par voie d'exclusion, je me demande où ce livre pourrait bien avoir été imprimé, s'il ne l'a pas été à Paris; je me trouve fort embarrassé pour trouver des éléments de discussion.

J'ai bien pensé à Lyon, dont le premier livre porte la date de 1473, et qui a employé souvent les papiers à la *roue dentée*, et quelquefois, — très-rarement à la vérité, — ceux marqués de l'*écu couronné*. J'ai bien pensé à Lyon, dis-je; mais j'ai dû le mettre hors de cause, puisque les typographes lyonnais n'ont employé les caractères *romains* que vers la fin du xv° siècle, en 1496 (1).

Je crois devoir ajouter que les progrès de l'imprimerie furent, comparativement avec Paris, très lents en province, et que les caractères *romains* n'y détrônèrent définitivement que fort tard les caractères *gothiques* (2).

---

(1) V. Péricaud l'aîné. *Bibliographie lyonnaise du* xv° *siècle.* — Nouvelle édition, 1851. In-8°, p. 32, n° 146.

(2) Voici au sujet des caractères gothiques employés par Gering, ce que dit Chevillier (p. 104) : « Quand Gering commença l'imprimerie à Paris, il ne donna que de
» bons caractères (*romains*), et tint ferme longtemps contre le torrent des autres
» imprimeurs..... Mais enfin, il se laissa entraîner lui-même..... »

Un coup-d'œil jeté sur les différentes éditions des *Exempla*, et quelques indications concernant la publication de ce livre, complèteront mes preuves.

Les différentes éditions connues des *Exempla sacre scripture* sont les suivantes :

Selon Brunet il existerait une première édition, sans lieu ni date, ni nom d'imprimeur, in-4° goth. de 104 (102) ff., à 29 lignes par page, sans chiffres, signatures, ni réclames, *mais qui appartient aux premières presses parisiennes* (1).

Vient ensuite l'édition qui porte le nom d'Ulric Gering, dont j'ai trouvé le titre complet dans le catalogue Mac-Carthy. Exempla sacræ scripturæ ex vetero et novo testamento collecta, secundum ordinem litterarum. *Parisiis, in solo aureo, per Ulricum cognomento Gering,* 1478, in-4° de 72 ff. non chiffrés, en caractères romains.

Le même catalogue en cite une autre, dont le titre est exactement semblable à celui de notre exemplaire, et je n'hésiterais pas à croire qu'ils appartiennent, tous deux, à la même édition, si la présence de la diphtongue dans l'exemplaire Mac-Carthy, si le format in-4° qu'on lui donne, et l'ignorance où je suis du type avec lequel il a été imprimé, n'éveillaient en moi quelques doutes sur cette identité. Le titre de cet exemplaire est suivi de ces courtes et insuffisantes indications : *editio vetus, absque ulla loci, anni, etc., indicatione, sed circa 1480, impressa,* in-4°.

Serait-ce là l'édition que signale Brunet comme la première des *Exempla* ? Je l'ignore. Mais si l'auteur du *Manuel* ne l'a pas décrite, c'est, je le suppose, que se défiant des vagues indications de de Bure, le rédacteur du *Catalogue Mac-Carthy*, il s'est tenu sagement sur la réserve et a gardé le silence à ce sujet.

---

(1) Cette phrase de Brunet m'a fort intrigué. Il est bien évident qu'il n'a pas voulu désigner par ces mots : *Les premières presses parisiennes*, les presses des imprimeurs de la Sorbonne, puisque l'édition des *Exempla* qu'il signale est imprimée en lettres gothiques, et qu'il n'ignorait pas que Gering et ses associés s'étaient servi pendant longtemps de caractères romains.

J'essayerai de donner, tout à l'heure, un sens précis aux paroles de Brunet.

Une édition fort rare, dont on ne connaît que deux exemplaires, a été imprimée à Saint-Albans (1), bourg d'Angleterre, dans le Hertfordshire. En voici le titre : Exempla sacre scripture ex utroque testamento, secundum ordinem litterarum collecta. *Impressa apud Villam Sancti Albani*, 1481, in-8°.

« On cite encore, dit Brunet, deux éditions de Paris, pet.
» in-8°, l'une de Pierre Level, vers 1487, l'autre par M. N. de
» la Barre, 1500, *die* xx. *mensis novembris.* »

J'ignore si l'on a traduit les *Exempla*, soit en français, soit en langues étrangères, les bibliographies sont muettes à cet égard. Elles le sont aussi sur la réimpression de cet ouvrage, dont la vogue passagère ne paraît pas avoir franchi la fin du xv⁰ siècle.

Les six éditions de Paris, y compris l'édition dont je m'occupe, la non existence de traductions, l'absence de réimpressions, me font présumer que le livre des *Exempla sacre scripture* est un ouvrage de localité, un ouvrage de classe, destiné à la jeunesse, et publié par un professeur attaché à l'un des nombreux collèges de Paris, qui y a mis, suivant les termes de la souscription finale, toute l'érudition qu'il avait ramassée : *ad nostram eruditionem conscriptorum.*

VII

Par qui ce livre a-t-il été imprimé? Quoique je ne puisse pas répondre catégoriquement à cette question par un nom propre, je pense qu'il est possible de la résoudre d'une manière satisfaisante.

Quelques mots de préambule sont nécessaires, mais je serai bref.

L'obscurité qui règne sur les débuts de l'imprimerie en

---

(1) « C'est la troisième ville d'Angleterre qui ait joui du bénéfice de l'imprimerie, et
» cela grâce au zèle éclairé des moines de Cîteaux. » (P. Deschamps. *Diction. géogr.
anc. et moderne.*)

France et sur la date précise de son établissement dans nos grandes villes, vient très-certainement de ce que les typographes qui, vers 1470 environ, imprimèrent, soit à Paris, soit à Lyon, un certain nombre d'ouvrages, négligèrent presque toujours de les dater ou de les signer.

Paris et Lyon ayant appelé dans leur sein des imprimeurs qui ont signé et daté leurs œuvres, ces œuvres sont considérées aujourd'hui comme les premiers produits des presses parisiennes et lyonnaises. La question ainsi formulée a, selon moi, un inconvénient sérieux, c'est de faire croire qu'elle est définitivement tranchée, et qu'il importe peu de savoir, désormais, si l'on a imprimé à Paris avant 1470, et à Lyon avant 1473.

Je crois avoir démontré qu'on a imprimé à Paris avant 1470, par conséquent avant les typographes appelés à la Sorbonne par Guillaume Fichet et Jean de la Pierre. D'où je conclus, malgré les quatre vers placés à la fin des *Lettres* de Gasparin (1), qu'Ulric Gering, Michel Friburger et Martin Crantz, n'ont pas été, absolument, les premiers imprimeurs de Paris.

Il est, pour moi, hors de doute, qu'avant eux, un ou plusieurs imprimeurs nomades, dont on ignore le nom, imprimèrent à Paris, plusieurs ouvrages, inconnus de nos jours, comme l'a été, pendant si longtemps, le livre des *Exempla* que j'étudie, ou que l'on a délaissés et oubliés, dans nos grands dépôts de livres, faute de pouvoir en reconnaître la provenance.

Ces imprimeurs nomades, dont on a voulu nier l'existence, et qui parcoururent l'Europe durant les premiers temps de la grande découverte, s'arrêtèrent souvent dans les villes plus ou moins importantes de la France, quelques-uns s'y fixèrent même, et c'est sous leur habile patronage que se formèrent, en peu d'années, les typographes français, dont l'histoire de l'imprimerie nous a conservé les noms.

La présence de ces imprimeurs dans les villes de premier et de second ordre, dans les différents diocèses du Languedoc,

---

(1) *Primos ecce libros quos hæc industria finxit*
Francorum in terris, ædibus atque tuis.
Michael, Udalricus, Martinusque magistri
Hos impresserunt ac facient alios.

par exemple, prouve, ainsi que je l'ai dit quelque part (1), que dans l'établissement de l'imprimerie en France, il faut admettre, NÉCESSAIREMENT, deux époques très-distinctes, l'une que j'appelle l'*époque de passage* et l'autre l'*époque d'établissement*.

Ces dénominations n'ayant pas besoin de commentaires, tout le monde comprendra que le livre des *Exempla* a été imprimé à Paris par un imprimeur nomade, et qu'il appartient à l'*époque de passage*; tandis que les livres imprimés à la Sorbonne par Gering, Friburger et Crantz, appartiennent à l'*époque d'établissement*.

Je ne terminerai pas cette partie de mon travail sans faire observer que l'auteur du *Manuel du libraire* partageait, sans doute, l'opinion que je viens d'émettre, lorsqu'il considérait, comme une première édition des *Exempla*, celle qu'il DÉCLARE APPARTENIR AUX PREMIÈRES PRESSES PARISIENNES.

VIII

En examinant et en relevant avec soin le dessin des filigranes, dans les livres imprimés au xve siècle, que renferme la Bibliothèque de Toulouse, j'ai trouvé, précisément dans le *Speculum vite humane*, typis Udalric Gering? in-4°, un autre exemple, très-curieux, de l'emploi des papiers de différents formats dans l'impression des livres.

Comme je suis convaincu qu'il en existe de semblables, je vais indiquer le moyen à l'aide duquel je suis parvenu à faire le dénombrement exact des cahiers et des feuillets, dans ce volume solidement relié et dépourvu d'indices bibliographiques.

J'ai commencé, d'abord, par en compter les feuillets. Il en a 163. Mais comme le nombre des feuillets, dans les incunables,

---

(1) V. l'*Histoire de l'établissement de l'imprimerie dans la province de Languedoc*.

ne peut jamais être impair (1), j'ai pensé qu'il manquait un f. blanc à la fin de l'exemplaire que j'examinais. On verra, tout à l'heure, que je ne me trompais pas, et que le *Speculum*, pour être bien complet, doit avoir 164 ff.

Pour supputer, ensuite, le nombre de cahiers que renferme le volume, voici le procédé auquel j'ai eu recours.

Me rappelant que dans les premiers livres qui furent imprimés les cahiers étaient presque toujours composés de 10 ff., — on va voir qu'il y en avait aussi de 12 — j'ai commencé par compter les cinq premiers et j'ai tâché, en ouvrant fortement le volume, d'apercevoir, dans la gouttière du dos, la mince ficelle dont on se servait, et dont on se sert encore aujourd'hui, pour coudre les cahiers et pour les brocher.

Plaçant ensuite un signet après le 5e et le 10e f. de chaque cahier, je ne tardai pas à rencontrer un bout de gros fil cassé, qui me prouva que j'étais dans la bonne voie.

Je poursuivis ainsi mon opération jusqu'au changement de format. Arrivé là, je l'avoue, je fus tout à fait désappointé, car les cahiers n'avaient plus le même nombre de feuillets. J'étais même sur le point d'abandonner la partie, lorsque je m'aperçus que les ff. de formats différents n'étaient pas très-nombreux et qu'ils étaient, pour ainsi dire, encastrés au milieu du volume. J'eus alors l'idée de faire, d'arrière en avant, ce que j'avais déjà fait d'avant en arrière, afin d'isoler complétement le groupe de ff. dont je voulais savoir le nombre, le format et la disposition.

Cette manœuvre réussit à souhait, car elle me permit de

---

(1) Il y a pourtant une exception à cette règle. On a quelquefois ajouté, dans les premiers temps de l'imprimerie, un feuillet aux cahiers, comme cela se voit dans la Bible de Gutenberg, où l'on rencontre des demi-feuilles, collées sur onglets, afin de pouvoir terminer certains livres, par exemple celui du *Deutéronome* ou celui de *Ruth*.

On a ajouté, quelquefois aussi, au premier cahier des incunables un feuillet, soit pour le titre *(a)*, soit pour protéger la première page du volume *(b)*.

(a) Je regrette d'avoir égaré la note concernant le volume sur lequel j'avais constaté cette particularité.

(b) Je possède un *Speculum vitæ humanæ* de Rod. Sancius de Arevalo, imprimé à Lyon en 1477, par Guillaume Le Roy, qui porte ce feuillet de garde.

reconnaître que le dernier cahier n'avait que 9 ff. (1), et de constater, entre les 6 premiers cahiers et les 8 derniers, la présence de 2 cahiers, composés chacun de 12 ff., l'un formé de 6 ff. in-4°, au milieu desquels on avait intercalé 6 ff. in-8°, et l'autre de 12 ff. in-8° sans mélange d'in-4°.

Les ff. in-4° ont pour filigrane *une fleur de lis couronnée, portant deux lettres à la pointe*, et qu'il est facile de voir dans la marge du dos.

Les 6 ff. in-8° intercalés au milieu des 6 ff. in-4°, sont marqués *d'une coquille, ayant pour appendice, une croix de Malte*, que l'on aperçoit dans la tranche supérieure du volume.

Les 12 ff. in-8° formant le deuxième cahier ont pour filigrane : 1° *Le pot à anse surmonté d'une croisette;* 2° *Une ancre, avec croisette à l'anneau des bras;* 3° *Le P. oncial à queue boutonnée, surmonté d'une croix tréflée* (2).

La présence de ces trois filigranes démontre clairement que pour obtenir ces 12 ff. in-8°, soit 24 pages, on a employé trois demi-feuilles de papier in-fol. pliées en 4, portant une marque différente (3) et qui ont fourni chacune 4 ff., c'est-à-dire 8 pages (4).

Je ferai remarquer aussi que pour obtenir les 6 ff. in-8° placés au milieu des 6 ff. in-4° du 1er cahier, il a fallu imprimer sur une demi-feuille qui a produit 4 ff. ou 8 pages, et sur un quart de feuille qui a donné 2 ff. ou 4 pages.

J'ignore s'il existe, quelque part, des détails précis sur la manière d'opérer des premiers typographes, et si ces détails mentionnent les procédés, ou les précautions à prendre pour

---

(1) Après le 4e f., en comptant d'arrière en avant, le point de couture du bas, relâché, flottait dans la gouttière du dos.

(2) On retrouve ces trois filigranes dans tous les ouvrages imprimés à la Sorbonne, par Gering et ses associés.

(3) Cela prouve que les demi-feuilles étaient préparées d'avance et mêlées entre elles, puisque le hasard a voulu qu'aucune des demi-feuilles parallèles, dépourvues de filigrane, ne se soit pas trouvée sous la main de l'imprimeur.

(4) C'est au bas des feuillets et près de la marge à droite, que l'on trouve les trois filigranes dont je viens de parler; ce qui prouve que l'ouvrier papetier avait placé son filigrane très-bas lorsqu'on a coulé la pâte dans la forme.

imprimer par demi-feuille et par quart de feuille, afin d'en former des cahiers in-4° ou in-8°?

Ce que je sais c'est que la pénurie de papier et la petite quantité de caractères dont la plupart des premiers imprimeurs disposaient, les obligèrent, souvent, d'avoir recours à une foule d'expédients dont nous ne nous rendons pas bien compte aujourd'hui.

L'emploi des papiers de différents formats, pour l'impression d'un livre, fut un de ces expédients.

Est-ce le hasard, est-ce la réflexion, qui ont fixé les dimensions respectives des papiers de différents formats propres à l'impression d'un livre? L'un et l'autre peut-être.

Quoi qu'il en soit, la formule suivante précise exactement ces dimensions : deux feuilles de papier in-fol., l'une grande et l'autre plus petite, étant données, la hauteur de la petite doit être égale à la largeur de la grande.

C'est ce que j'ai démontré à propos des papiers des *Exempla*, et c'est ce que j'ai constaté, de nouveau, dans les papiers du *Speculum*, in-4° imprimé par Gering.

Je dois dire, cependant, que le format du *Speculum* étant in-4°, la dimension de ses papiers est beaucoup plus grande que celle des papiers des *Exempla*. La feuille in-4° du *Speculum* a 320 millim. de hauteur et 224 de largeur, et celle qui a fourni le format in-8° en a 448 de haut et 320 de large, ce qui donne un in-8° de 224 millim.

Avant de me séparer du *Speculum*, j'ai cru devoir examiner encore une fois ce volume page par page. Cela m'a fait découvrir une série de chiffres manuscrits que le couteau du relieur a plus ou moins décapités.

Quoique le premier cahier ne porte pas de chiffre, il m'a été facile, en comptant les feuillets, de reconnaître qu'avant de coudre son livre l'ouvrier en avait numéroté les cahiers de 1 jusqu'à 16, en chiffres arabes.

Comme je l'ai dit, le premier cahier n'est pas chiffré, et s'il l'a été, le relieur a complétement enlevé le chiffre 1 ; les chiffres 4 et 5 ont disparu aussi ; du chiffre 6 il ne reste que la boucle, du chiffre 7 que la queue ; les chiffres 9, 10, 11, 12, 13, sont intacts ; 14 est rogné, 15 est absent et 16 est à peine visible.

Ce numérotage répond à cette question que l'on m'a souvent adressée : comment s'y prenaient les relieurs pour ne pas se tromper en brochant les cahiers d'un livre dépourvu de chiffres et de signature ?

Ce numérotage mutilé prouve encore que l'exemplaire de la Bibliothèque de Toulouse a été relié plusieurs fois.

IX

Mon mémoire touchait à sa fin, j'étais prêt à le publier, lorsqu'un de mes amis, à qui je faisais connaître le sujet que je venais de traiter, me signala, dans le *Manuel*, à l'article *Diogène Laërce*, une note ayant quelque rapport avec le titre que je venais de lui communiquer.

J'ouvris de suite mon *Brunet*, où je trouvai, t. II, col. 720 et 721, la description et la note que je vais reproduire intégralement :

Diogenes *Laertius*. Vitæ philosophorum (ex versione fratris Ambrosii Traversarii (1), pet. in-fol. de 138 ff. (selon Fossi), ou de 140 *(Biblioth. Spencer)* à 42 lignes par page.

« Cette édition, sans lieu ni date, mais qui paraît avoir été
» exécutée à Rome, un peu avant 1475, est la plus ancienne que
» l'on ait de cette traduction : elle est imprimée en lettres
» rondes, sans chiffr., récl., ni signatures. L'épître qui se lit
» au commencement porte l'intitulé suivant : *prestantissimo in*
» *Christo patri : et domino Oliverio Carafe... Elius Franciscus, etc.*
» Le texte commence au recto du 3ᵉ f. et finit au recto du dern.
» de cette manière : *Finis philosophorum vita.*
» Si pour connaître le format de ce livre, ajoute Brunet, on
» consulte la position des pontuseaux du papier, il n'en résul-

(1) Surnommé le *Camaldule*, savant helléniste, mort vers le milieu du xvᵉ siècle.

» tera rien de positif, car dans une partie des feuilles les pon-
» tuseaux sont horizontaux et dans l'autre perpendiculaires.
» Cela prouve que cette façon de reconnaître le format d'un
» livre est quelquefois assez équivoque. »

La note de l'éminent bibliographe est étrange, presque naïve ; elle prouve qu'il ignorait complétement qu'à un moment donné, les typographes imprimèrent des livres en faisant usage de papiers de différents formats.

Ai-je besoin de faire remarquer qu'il ne peut y avoir rien d'*équivoque dans la façon de reconnaître le format d'un livre en consultant la position des pontuseaux ?*

Tous les bibliographes qui se sont livrés à l'étude des incunables, sont parfaitement fixés, depuis longtemps, sur le rapport qui existe entre la direction qu'affectent les pontuseaux et le format que cette disposition décèle et caractérise.

Que la façon de reconnaître le format d'un livre, à l'aide des pontuseaux, soit quelquefois *équivoque* pour l'appréciation des petits formats, tels que l'in-16, l'in-18 et l'in-24 (1), formats que l'on n'a d'ailleurs employés que fort tard, je l'admets volontiers ; mais j'affirme que l'*équivoque* ne peut pas exister pour la détermination des grands formats dans lesquels les incunables ont été imprimés, c'est-à-dire dans l'in-fol., l'in-4° et l'in-8° ; aussi Brunet, qui relativement à ces derniers formats, concluait à l'*équivoque*, eût-il été fort embarrassé de nous dire en quoi elle consistait.

Il est évident qu'il ne peut pas y en avoir, par cette raison que les pontuseaux horizontaux indiquent ABSOLUMENT *le format in-4°*, et les pontuseaux perpendiculaires, ABSOLUMENT aussi *le format in-fol. ou le format in-8°*.

Dans ce dernier cas, la présence et la situation des filigranes, dont Brunet ne parle pas, aurait aisément tranché la difficulté.

Il est donc bien évident que le *Diogène Laërce* dont il est question a été imprimé sur des papiers de différents formats.

Ces papiers sont-ils de format in-fol. et in-4° ? Sont-ils de

---

(1) Voir à ce sujet : *les caractères qui distinguent le format in-24 du format in-16*, par M. J. Chenu. *(Bullet. du bibliophile*, VIIIe série, 1857, p. 429).

format in-8° et in-4°? l'examen seul de ce livre pourrait nous le dire.

M'étant assuré que cette édition de *Laërce* existait à la Bibliothèque nationale, je priai l'un de ses bibliothécaires, M. Eugène d'Auriac, de l'examiner et de vouloir bien m'en donner une description détaillée.

Avec son obligeance accoutumée, obligeance dont je le remercie cordialement, M. d'Auriac s'empressa de me satisfaire, et voici le résultat de ses observations.

L'exemplaire de la Bibliothèque nationale est de format pet. in-fol., il renferme 140 ff., comme l'exemplaire de la *Bibliothèque Spencer*, signalé dans le *Manuel*. Les deux ff. prélim., qui sont de format in-fol., manquaient, probablement, à l'exemplaire sur lequel Fossi (1) avait relevé sa description.

Quoique rognés, les ff. de ce livre ont encore 275 millim. de haut et 185 de large. Le nombre de ff. composant chaque cahier varie beaucoup : Le 1er n'en a que 2 ; les trois suivants en ont 10 ; le 5e, 8 ; le 6e, 6 ; les 7e, 8e, 9e, 10e, 11e, 12e, 13e, en ont chacun 10 ; le 14e, 6 ; le 15e, 8, et le 16e, 10.

La direction verticale et horizontale des pontuseaux démontre évidemment l'existence de papiers de différents formats ; les pontuseaux verticaux indiquent le format in-fol., et les horizontaux le format in-4°.

La situation du filigrane dans le milieu de la feuille confirme l'existence de l'in-fol., et sa présence dans la marge du dos, confirme celle de l'in-4°.

Malheureusement les filigranes de ces divers papiers sont tellement noyés dans les caractères d'imprimerie, ou si difficiles à relever dans la marge du dos, qu'il a été impossible d'en déterminer exactement la forme. Cela n'a pas empêché mon cher correspondant de les relever et de m'envoyer un croquis qui m'a pourtant permis de reconnaître, dans les papiers in-fol. :
1° l'*M onciale, surmontée d'une croix latine; 2° le P. oncial au*

---

(1) « On sait que M. Vincent Follini, garde de la bibliothèque Magliabechi, a publié, sous le nom de Fossi, son *Catalogus codicum sæculo* xv. *impressorum, qui in bibliotheca Magliabechiana, Florentiæ adservantur. Florentiæ*, 1793-95, 3 vol. in-fol. » *(Manuel. Art. Fossi).*

jambage fourchu, et, dans les papiers in-4°, *le cercle traversé par deux flèches croisées*.

Il m'a été d'autant plus facile de reconnaître ces différents filigranes d'après les croquis de M. d'Auriac, qu'ayant relevé moi-même, il y a peu de temps, le filigrane d'une *Cité de Dieu* (1), imprimée à Rome au xv⁰ siècle, j'avais encore présentes à l'esprit toutes les particularités qui distinguent les marques du papier sur lequel elle a été imprimée, et, tout particulièrement, l'*M onciale* et le *cercle traversé par deux flèches*.

Je n'ai pas aperçu le *P. oncial au jambage fourchu* dans le livre que je viens de citer; mais comme depuis les débuts de l'imprimerie on trouve des variétés infinies de P dans tous les papiers des pays d'Europe, et quoique on le rencontre rarement dans les papiers italiens, il n'y aurait rien d'extraordinaire à ce qu'on en rencontrât dans les papiers de Rome et de Naples.

En retrouvant l'*M onciale à la croix latine* et le *cercle traversé par deux flèches* dans la *Cité de Dieu*, imprimée à Rome en 1474, et dans le *Diogène Laërce*, sans date, on serait tenté d'infirmer le doute de Brunet et de croire que ce dernier ouvrage a réellement été imprimé à Rome; mais ayant rencontré l'*M onciale à la croix latine* dans le *Sacramentale neopolitanum perutile*, de Stephanus de Gaieta, imprimé à Naples, en caractères romains, l'an 1475, je pense qu'il faut attendre de nouveaux renseignements pour se prononcer définitivement à ce sujet.

La description du *Diogène Laërce* démontre que le typographe qui l'a mis au jour a employé, pour la confection de son œuvre, deux sortes de papiers, l'une de format in-fol., et l'autre de format in-4°.

Quoiqu'il paraisse fort difficile d'indiquer le format que le typographe avait primitivement choisi, je pense cependant que ce fut l'in-4°, puisque les premiers cahiers du *Diogène Laërce* sont imprimés dans ce format. Mais lorsque le grand papier in-fol. qui le lui fournissait vint à lui manquer, il dut

---

(1) Aurelii Augustini hipponensis episcopi de civitate Dei... *Romœ, per Udalricum Gallum Alamanum et Symonem Nicolai de Luca, anno domini*, 1474, in-fol.

chercher, et il trouva le papier petit in-fol. avec lequel il termina son livre.

La présence des deux ff. in-fol. en tête du volume, ne peut être considérée, dans ce cas, comme une objection sérieuse, car personne n'ignore que les incunables de cette époque (1474), n'ont pas de titre, ou bien s'ils en ont, c'est qu'on l'a quelquefois ajouté, comme je l'ai déjà dit, après l'impression complète de l'œuvre. C'est ce qui est arrivé pour le *Diogène Laërce*.

Cette édition de *Diogène Laërce* offre donc un troisième *Specimen* de livres imprimés sur des papiers de différents formats. Toutefois, au lieu d'avoir été imprimé sur des papiers in-4° et in-8°, comme les deux ouvrages décrits précédemment, il l'a été sur des papiers in-fol. et in-4°.

Quoique la théorie à l'aide de laquelle on a obtenu le résultat désiré soit la même, dans les deux cas, elle offre pourtant cette différence que dans les *Exempla* la hauteur du grand format (de l'in-4°), est égale à la largeur de l'in-fol. qui a fourni le petit format (ou l'in-8°), tandis que dans le *Diogène Laërce* c'est la largeur du petit format (de l'in-4°), qui a donné la hauteur du grand format, c'est-à-dire de l'in-fol.

Voici les dimensions respectives des papiers qui ont servi à l'impression du *Diogène Laërce* (1) :

1° In-fol. de 275 m., hauteur égale à la largeur du papier suivant;

2° In-fol. de 380 m. donnant un in-4° de 275 m., hauteur du volume.

Je crois devoir reproduire, en même temps, les dimensions des papiers qui ont servi à l'impression des *Exempla* et du *Speculum*.

Exempla sacræ scripturæ.

1° In-fol. de 438 m. de haut et 288 de large donnant un in-8° de 144 m., hauteur du volume;

---

(1) Le livre ayant été rogné, j'ai dû prendre mes mesures sur ses dimensions actuelles.

2° In-fol. de 288 m., largeur du papier précédent, et donnant un in-4° de 144 m., hauteur du volume.

Speculum vitæ humanæ.

1° In-fol. de 448 m. de haut et 320 de large, donnant un in-8° de 224 m., hauteur du volume ;

2° In-fol. de 320 m., largeur du papier précédent, et donnant un in-4° de 224 m., hauteur du volume.

Malgré les recherches les plus actives, il m'a été impossible de trouver un second exemplaire des trois ouvrages, imprimés sur des papiers de différents formats, dont je viens de donner une description exacte. Je ne les crois cependant pas uniques. J'espère donc que tôt ou tard, un bibliographe, plus heureux que moi, pourra constater, dans les exemplaires qui passeront sous ses yeux, des différences telles, qu'elles viendront confirmer et justifier les allégations diverses que j'ai produites dans le courant de ce *Mémoire.*